RIVALES DE LA COPA MUNDIAL

PORTUGAL VS. ESPAÑA

por Jules Allen

CAPSTONE PRESS
a capstone imprint

Publicado por Spark, una marca de Capstone
1710 Roe Crest Drive, North Mankato, Minnesota 56003
capstonepub.com

Los datos de catalogación de la Biblioteca del Congreso previos a la publicación se encuentran disponibles en el sitio web de la Biblioteca del Congreso.
ISBN: 9781669066262 (tapa dura)
ISBN: 9781669066255 (libro electrónico PDF)

Resumen: Las selecciones nacionales de fútbol de Portugal y España mantienen una rivalidad desde hace décadas. ¿Qué llevó a estas selecciones a convertirse en feroces competidores? ¿Cómo contribuye la afición de ambos países a mantener esta rivalidad? El texto de fácil lectura y las fantásticas imágenes describen partidos famosos y jugadores estrella.

Créditos editorials
Editora: Erika L. Shores; Diseñadora: Dina Her; Investigadoras de medios: Jo Miller y Pam Mitsakos; Especialista de producción: Tori Abraham

Créditos fotográficos
Alamy: Allstar Picture Library Ltd, 6, Matt Dunham, 9, PA Images, 17, 19, REUTERS, 26; Associated Press: Armando Franca, 5; Getty Images: Andreas Rentz, 23, Bob Thomas/Popperfoto, 14; Shutterstock: ALEKSA2013, 10, Alizada Studios, 12, bamrung isarakul, portada (jugadores), D. Ribeiro, 13, Gevorg Ghazaryan, 29, Globe Turner, portada (bandera de Portugal), Loveshop, portada (bandera de España), Macrovector, portada (estadio), Oleg Batrak, 20, ph.FAB, 25, SPF, 11, tuulijumala, portada (luces), vectorlaboratory, portada, 1, (balón)

Elementos de diseño: Shutterstock: huangyailah488, Ursa Major

Todos los sitios de internet que aparecen en el contenido especial estaban correctos y disponibles al momento de la impresión.

Printed in the United States 6378

TABLA DE CONTENIDO

Las palabras en NEGRITA están en el glosario.

LUCHA POR LA COPA

Las selecciones nacionales de fútbol masculino de Portugal y España se enfrentaban. Era la Copa Mundial de 2010. Jugaban para conseguir un lugar en los cuartos de final. Portugal atacaba fuertemente durante el primer tiempo. Pero no metieron ningún gol. España tampoco.

Portugal y España tienen una **rivalidad** en el fútbol. Los dos países son vecinos. Los aficionados se emocionan con los partidos.

Xabi Alonso (rojo) de España y Pedro Mendes (blanco) de Portugal

Xavi

España lo dio todo en el segundo tiempo. Atacaron en el minuto 63. Corrían cancha abajo con el balón, haciendo pases cortos.

El jugador de España Xavi tomó posesión del balón. Hizo un **pase de taco** desde un lado de la cancha.

¿SABÍAS?

La Copa Mundial se lleva a cabo cada cuatro años. España ha participado 15 veces. Portugal ha participado siete veces.

David Villa, de España, corrió hacia la portería. Recibió el pase. Tiró el balón al arco enseguida. El portero de Portugal lo bloqueó.

El balón volvió rodando a Villa, quien disparó de nuevo. El balón voló y tocó el fondo de la red. ¡Gol! Ninguno de los equipos volvió a marcar. España ganó 1-0.

¿SABÍAS?

España terminó ganando la Copa Mundial de 2010. Vencieron a Holanda 1-0 en la final.

David Villa (derecha, de rojo) mete un gol

EL DERBI IBÉRICO

Portugal y España forman la **península** ibérica. Se ubica en el sudoeste de Europa. A esta rivalidad a veces se le dice el derbi ibérico.

España y Portugal se han enfrentado en guerras. España invadió a Portugal varias veces. Portugal es un país mucho más pequeño.

VS

Tanto España como Portugal tienen equipos fuertes. Llevan años enfrentándose en la cancha. España ha ganado muchos más partidos.

La selección nacional de España en 2018

La selección nacional de Portugal en 2021

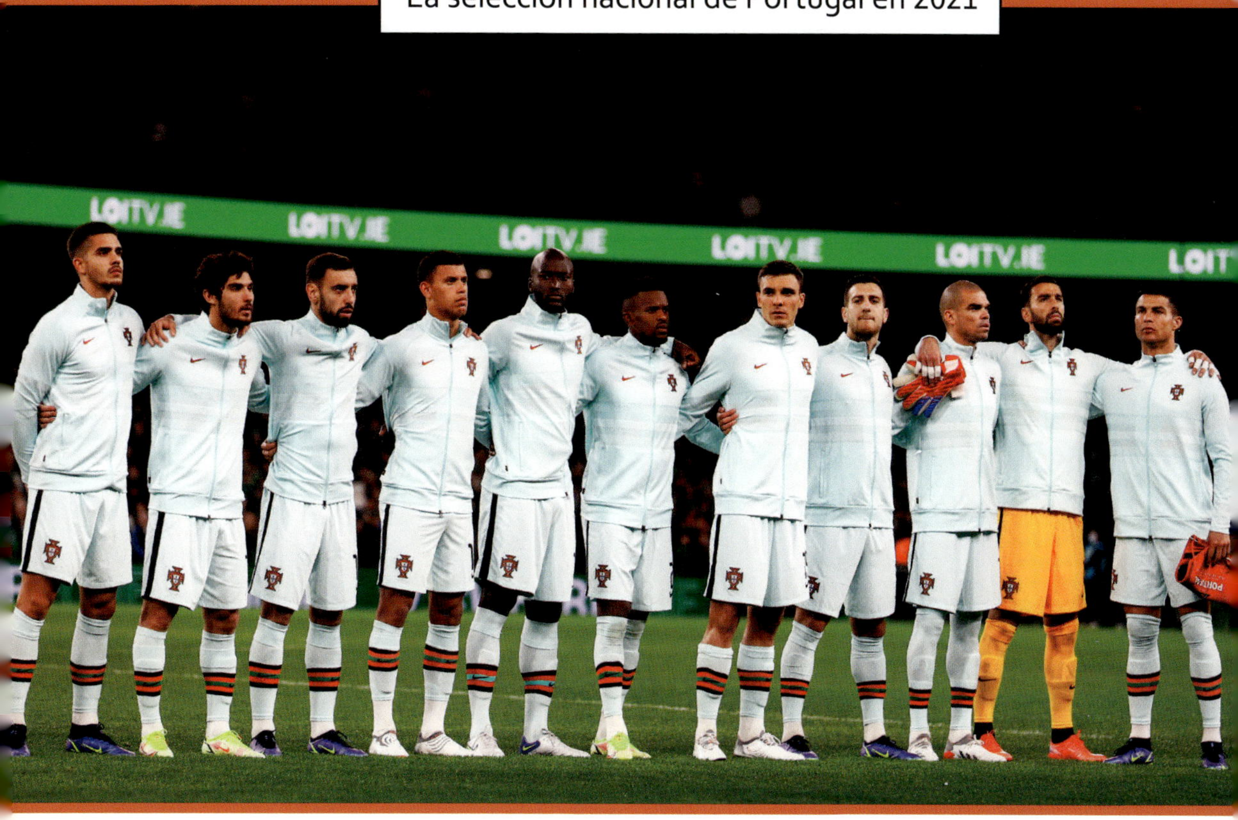

La primera vez que se enfrentaron en la cancha fue en 1921. España venció a Portugal 3-1. Fue un partido **amistoso**. Los amistosos no son partidos oficiales. Los jugadores los aprovechan para practicar.

España (de playera oscura) durante un partido de la Copa Mundial de 1934

El primer partido oficial entre los dos equipos fue en 1934. Fue una **eliminatoria** para la Copa Mundial. España ganó 9-0. España llegó por primera vez a la Copa Mundial. Perdió contra Italia en los cuartos de final.

Hay seis regiones que celebran torneos eliminatorios. Los primeros equipos consiguen un lugar en la Copa Mundial. España y Portugal son parte de la región europea.

¿SABÍAS?

La región europea tiene 55 equipos. Los equipos europeos han ganado la Copa Mundial en numerosas ocasiones.

¿QUIÉN GANA MÁS?

España ganó o empató todos los partidos contra Portugal durante años. Finalmente ganó Portugal en 1947. El gran jugador Eusébio ayudó a que Portugal tuviera más victorias en la década de los 60.

Eusébio

Portugal llegó a la Copa Mundial en 1966. Terminaron en tercer lugar. Eusébio metió cuatro goles en los cuartos de final. Marcó el único gol de Portugal en las semifinales. Perdieron 2-1 contra Inglaterra.

Eusébio (izquierda) de Portugal y Nobby Stiles (derecha) de Inglaterra

La selección nacional de España en la Eurocopa de 2012

Portugal y España participan en el Campeonato Europeo. Muchas veces se le dice la Eurocopa, o simplemente la Euro.

Los primeros años de los 2000 fue una muy buena época para los aficionados españoles. España ganó la Euro en 2008. Ganó la Copa Mundial en 2010. Volvió a ganar la Euro en 2012.

La selección de Portugal empezó a ganar fuerza a partir de 2003. En ese tiempo empezó a jugar Cristiano Ronaldo. Es uno de los mejores jugadores de la historia.

En 2004, Portugal y España se enfrentaron en la Euro. Portugal ganó 1-0. Fue la primera vez que vencieron a España desde 1981. Portugal llegó a la final. Perdieron contra Grecia 1-0.

Carles Puyol (izquierda) de España y Ronaldo (derecha) en 2004

ESTRELLAS EN LA CANCHA

Los dos equipos han contado con muchos jugadores estrella. Ronaldo ayudó a que Portugal terminara en cuarto lugar en la Copa Mundial de 2006.

Ronaldo ha jugado bien en las Euros. Lideró a Portugal a la victoria en 2016. En 2021, Ronaldo marcó cinco goles en la Euro.

¿SABÍAS?

Ronaldo ha metido más goles en juegos internacionales que cualquier otro jugador masculino.

Andrés Iniesta

Andrés Iniesta es uno de los mejores jugadores españoles de la historia. Ayudó a España a ganar la Euro en 2008 y 2012.

Iniesta fue el héroe de la final de la Copa Mundial de 2010. España jugaba contra Holanda. Quedaban cuatro minutos de tiempo extra. Iniesta recibió un pase y marcó un gol. España ganó 1-0.

¿SABÍAS?

En 2012, Iniesta fue nombrado el mejor Jugador del Torneo en la Euro.

En 2018, España y Portugal se enfrentaron en la Copa Mundial. Jugaron en la ronda inicial. Ronaldo marcó tres goles. El partido terminó con el marcador en 3-3.

El nivel de los dos equipos se ha igualado con el tiempo. A los aficionados les importa mucho la rivalidad. Ansían ver más partidos emocionantes en el futuro.

GLOSARIO

amistoso—en el fútbol, un partido que no cuenta para ningún premio

eliminatorias—una etapa en que los competidores tratan de ganar su lugar en el evento principal

pase de taco—un pase en que el jugador utiliza la parte trasera del pie para pasar el balón a un compañero de equipo que está situado a sus espaldas

península—un pedazo de tierra que tiene agua por tres lados

rivalidad—un sentimiento de competencia feroz entre dos grupos durante un periodo largo de tiempo

LEE MÁS

Bader, Bonnie. *What Is the World Cup?* New York: Penguin Young Readers, 2018.

Rustad, Martha E.H. *What You Never Knew About Cristiano Ronaldo.* North Mankato, MN: Capstone, 2023.

Scheff, Matt. *The World Cup: Soccer's Greatest Tournament.* Minneapolis: Lerner Publications, 2021.

SITIOS WEB

European Qualifiers: Portugal
uefa.com/european-qualifiers/teams/110--portugal/

FIFA World Cup Facts for Kids
kids.kiddle.co/FIFA_World_Cup

Spain
espn.com/soccer/team/_/id/164

ÍNDICE

SOBRE LA AUTORA

Jules Allen es una editora y autora de libros infantiles que vive en Minneapolis. Le encantan los deportes, el arte, los libros de todo tipo y los perros pequeños.